El Bien y El Mal

Filosofía de Vida

Rafael Diogo

Diagramado y compaginado por el autor

Diseños carátula e interior: Juan Ramón Arriera Arriera

Editado en setiembre de 2022

ISBN: 9798844631146

Uruguay

Índice

Prólogo

El presente libro se inicia a partir de una serie de artículos independientes que escribió el autor. El mismo puede ser una luz que inspire a muchos de sus lectores, o puede contener puntos de reflexión para desandar un mal camino. De lo contrario, solamente debería ser considerado un punto de vista diferente para quienes no crean que el mal y el bien existen o se desinteresen por la diferencia.

Inevitablemente en esta obra se ve reflejada la formación religiosa del autor, por lo que toda persona religiosa la entenderá mejor y tal vez la fortalezca más en su propia fe.

Muchas de las fuentes citadas corresponden a textos que el autor considera canónicos y pueden no serles común a todo lector, pero las mismas son de utilidad para ampliar o aclarar conceptos vertido en la obra. Nadie más que el autor es responsable por dichos conceptos.

El autor

1 – Lo Bueno y Lo Malo

La diferencia entre lo bueno y lo malo hace pocas décadas atrás no era difícil de distinguir, pero ahora en el mundo actual, una parte importante de la sociedad cada vez se confunde más. Como dijo Isaías hace siglos:

¡Ay de los que a lo malo llaman bueno, y a lo bueno, malo; que hacen de la luz tinieblas y de las tinieblas luz; que ponen lo amargo por dulce y lo dulce por amargo! (Isaías 5:20).

Para no ser engañados, es importante tener el don, que es llamado el *"don de discernimiento"*. Moroni[1], profeta e historiador americano, enseña sobre este don referido:

"Tened cuidado, pues, amados hermanos míos, de que no juzguéis que

lo que es malo sea de Dios, ni que lo que es bueno y de Dios sea del diablo.

"Pues he aquí, mis hermanos, os es concedido juzgar, a fin de que podáis discernir el bien del mal; y la manera de juzgar es tan clara, a fin de que sepáis con un perfecto conocimiento, como la luz del día lo es de la obscuridad de la noche." (Moroni 7:14-15).

La capacidad de saber distinguir la verdad del error, o el bien del mal, es un don innato otorgado a todos los hombres, sin importar si son o no discípulos de Cristo:

"Pues he aquí, a todo hombre se da el Espíritu de Cristo para que sepa discernir el bien del mal..." (Moroni 7:16).

Esta capacidad es llamada también *"la luz de Cristo"*, y es conocida como la conciencia.

Si el hombre por causa de *la* luz de Cristo, o la conciencia, sabe lo que es bueno y no lo hace, o por ese mismo espíritu sabe lo que es pecado e igual peca, va perdiendo la luz que ilumina a todo ser, hasta que no sabe distinguir el bien del mal.

La luz de Cristo puede ser neutralizada entre los hombres que intencionalmente se rebelan contra Dios, o se apartan de todo lo bueno. Cuando los hombres neutralizan su conciencia pierden tal habilidad de discernir, y entonces le llaman bueno a todo lo malo, y malo a todo lo bueno.

La falta de esta luz es lo que hace que los hombres se alejen cada vez más del buen criterio, de la sensatez, del sentido común, de la razón y del sano juicio. La disparidad de criterios entre los hombres, en asuntos que son tan claros y tan sencillos, llegan a veces hasta el disparate o el absurdo.

Las decisiones desacertadas u opiniones en asuntos de la moral, el matrimonio, la familia, el aborto, las drogas, o sobre la vida misma, en el mundo actual, revelan la carencia de esa luz de Cristo, o de una conciencia neutralizada.

Además de la luz de Cristo, *el don de discernimiento* es un don especial que ayuda, *"a vosotros ... que sois los pacíficos discípulos de Cristo"* (Moroni 7:3), a ver con mayor claridad la diferencia entre el bien y el mal, o entre la verdad y el error. A diferencia de la luz de Cristo o la conciencia, el *don de discernimiento* no es un don universal.

El profeta e historiador americano referido, nos amplía más sobre el don de discernir la verdad del error, o lo bueno de lo malo:

"Por consiguiente, todo lo que es bueno viene de Dios, y lo que es malo

viene del diablo; porque el diablo es enemigo de Dios, y lucha contra él continuamente, e invita e induce a pecar y a hacer lo que es malo sin cesar.

"Mas he aquí, lo que es de Dios invita e induce a hacer lo bueno continuamente; de manera que todo aquello que invita e induce a hacer lo bueno, y a amar a Dios y a servirle, es inspirado por Dios.

"Pues he aquí, a todo hombre se da el Espíritu de Cristo para que sepa discernir el bien del mal; por tanto, os muestro la manera de juzgar; porque toda cosa que invita a hacer lo bueno, y persuade a creer en Cristo, es enviada por el poder y el don de Cristo, por lo que sabréis, con un conocimiento perfecto, que es de Dios.

"Pero cualquier cosa que persuade a los hombres a hacer lo malo, y a no creer en Cristo, y a negarlo,

y a no servir a Dios, entonces sabréis, con un conocimiento perfecto, que es del diablo; porque de este modo obra el diablo, porque él no persuade a ningún hombre a hacer lo bueno, no, ni a uno solo; ni lo hacen sus ángeles; ni los que a él se sujetan.

"Ahora bien, mis hermanos, en vista de que conocéis la luz por la cual podéis juzgar, la cual es la luz de Cristo, cuidaos de juzgar equivocadamente; porque con el mismo juicio con que juzguéis, seréis también juzgados.

"Por tanto, os suplico, hermanos, que busquéis diligentemente en la luz de Cristo, para que podáis discernir el bien del mal; y si os aferráis a todo lo bueno, y no lo condenáis, ciertamente seréis hijos de Cristo." (Moroni 7:12-13,16-19).

En este momento, ante la evidencia de una conciencia

neutralizada, no sólo prevalece en el mundo un cambio de valores, donde le llaman bueno a todo lo malo, y malo a todo lo bueno, sino que también predomina un relativismo extremo. Relativizan toda verdad, pretendiendo racionalizar con argumentos filosóficos de pseudointelectuales.

Muchos creen que una mentira repetida muchas veces se transforma en verdad. Otros creen que la mayoría o el consenso determinan lo que es bueno o lo que es malo. Otros creen que solamente legislando ya pueden determinar lo que está bien, o lo que está mal.

Bajo la excusa de que son tiempos modernos, se enarbola la bandera de maldades tan antiguas como el mundo. Se pretende exaltar como buenos y modernos errores humanos tan viejos como los que llevaron a la destrucción a muchas sociedades que nos precedieron en la historia.

Lo bueno es bueno, y lo malo es malo; aunque pasen los siglos, aunque el mundo opine al revés.

Neal A. Maxwell[2], ya fallecido, dijo hace poco más de dos décadas, pero con tremenda contemporaneidad:

"Cuanto más se trate de reemplazar lo que Dios ha declarado correcto con lo que el mundo ve como correcto, tanto menos eficaz será la forma de enfrentar los problemas humanos... Por ejemplo, las víctimas de la violencia y el crimen aumentan continuamente; sin embargo, se da gran importancia a los derechos de los criminales; junto con una creciente adicción a la pornografía se levantan voces que protestan contra la censura. Los nacimientos ilegítimos que van en aumento destruyen a las familias y

amenazan con agotar los fondos para los sistemas de asistencia pública de los gobiernos, y, sin embargo, la castidad y la fidelidad son objeto de burlas. Estas y otras consecuencias emiten una estridente cacofonía. ¡Cuando Nerón tocó la lira mientras Roma ardía, menos dejó oír algunas melodías! No tengo duda alguna de que, si no se detiene, al fin de su jornada el libertinaje hará que la humanidad contemple con ojos incrédulos las terribles consecuencias." (Élder Neal A. Maxwell – Conferencia General – Abril 1996).

El profeta Isaías continúa diciendo, sobre los que cambian bueno por malo y malo por bueno:

"¡Ay de los sabios ante sus propios ojos, y de los que son prudentes delante de sí mismos!

"¡Ay de los que son valientes para beber vino, y hombres fuertes para mezclar bebida fuerte;

"los que justifican al malvado por cohecho, y al justo quitan su justicia!

"…Porque han desechado la ley de Jehová de los ejércitos y han despreciado la palabra del Santo de Israel. (Isaías 5:21-24).

*…Hacen de la luz tinieblas
y de las tinieblas luz.*

2 – El Buen Criterio es Independiente del Conocimiento

Hace algún tiempo reflexioné: ¿Por qué hay tanta disparidad de opiniones opuestas diametralmente unas de otras, y no un matiz que las pueda acercar a la verdad? ¿Por qué la gente pierde el buen criterio? Parece como que la verdad no importara, que importara la mentira. ¿Por qué algunos están en lo cierto y otros totalmente en el error?

Mucha gente no sabe que el buen criterio, la sensatez o el buen juicio, no son enteramente voluntarios. Tampoco la opinión de técnicos o profesionales tiene porque ser sensata o de buen criterio o de buen juicio. El buen criterio es independiente del conocimiento. La sensatez no se enseña en ninguna universidad. El buen juicio no se certifica en un diploma. Maravilloso el profesional con buen criterio, es más útil a la sociedad que cien colegas que carezcan de él.

Es mejor un buen tiempo de reflexión y auto análisis antes de opinar o criticar al que tenga buen criterio, sensatez o buen juicio. Porque de lo contrario, pondrá de manifiesto su propia insensatez y sus opiniones serán absurdas a la luz de la razón.

La falta de sensatez está muy relacionada con la vida, la forma de pensar o filosofía de un individuo. Está íntimamente relacionada con todo lo malo, con la inmoralidad y con ideas que se oponen diametralmente con los principios cristianos.

Cuanta mayor maldad, mayor inmoralidad. Cuanta mayor oposición a todo lo bueno, menor será la sensatez, el buen criterio, o el buen juicio de un individuo.

Es una ley del universo: El buen juicio se pierde, la cordura se derrumba, la capacidad de discernir lo bueno de lo malo se desvanece con sólo hacer o vivir ignorándolos. No se puede vivir o actuar contra el buen juicio, el buen criterio o la sensatez y seguir teniendo esas virtudes humanas. Tampoco se puede hacer oídos sordos a la conciencia, o a esa pequeña luz interior de sabiduría que cada individuo nace con ella y seguir teniendo ese atributo divino.

La multitud no tiene la verdad, el consenso no la otorga, la ley no podría generarla. ¡Dichosos quienes la posean! Porque la verdad es la fuente de la sabiduría, de la sensatez, y buen criterio.

Todo lo que es bueno viene de Dios y es inspirado por Él. Todo lo malo no viene ni es inspirado por Él. Lo inspira quien no busca ni la felicidad, ni la paz, ni lo bueno o mejor de la humanidad. A veces, quien no es inspirado por lo bueno, tiene ansias de poder gobernar, poder controlar o quitar libertad.

¿Se nota la diferencia? Porque con criterio o sin él se la puede percibir. ¿Se entiende ahora porque mucha gente opina diametralmente opuesto a la sensatez, al buen criterio y al buen juicio? ¿Se entiendes porque hay tanta disparidad de opiniones tan opuestas unas de otros, muchas sin siquiera un matiz de verdad que pueda conciliarlas?

"...Lo que no edifica no es de Dios, y es tinieblas.

"Lo que es de Dios es luz; y el que recibe luz y persevera en Dios, recibe

más luz, y esa luz se hace más y más resplandeciente hasta el día perfecto." (Doc. y Conv. 50:23-24).[3]

3 – La Dualidad de Criterios

Vivimos en una época en que abunda la dualidad de criterios. El que miente, aun sabiendo que miente, acusa de mentiroso al que dice la verdad. Al que dice la verdad se lo escarnece, es objeto de burlas y de faltas de respeto, por quienes saben que está diciendo la verdad. Es común atribuir a los demás sus propias faltas, y justificar sus errores hasta el absurdo, sin una pisca de autocrítica.

Estamos viendo cosas buenas y malas como nunca se ha visto. Ahora las cosas cambian vertiginosamente. Lo que ayer no era, hoy lo es, y lo que ayer era, hoy ya no es. Lo que ayer era penado por la ley, hoy es aprobado y fomentado. Lo que ayer era malo, hoy se legisla para aprobarlo y se procura engañar por todos los medios argumentar que es bueno. Lo que ayer era bueno, hoy se menosprecia y se ridiculiza. ¿Es qué cambió la esencia de las cosas? ¡No! Lo que era bueno, sigue siendo bueno, y lo que era malo, sigue siendo malo; y lo seguirá siendo, a pesar del tiempo, a pesar de las opiniones adversas.

Mucha gente ha perdido la razón y el buen juicio, ya no tienen criterio ni para opinar. Quieren ser generadores de opinión contraria a la razón, pretendiendo imponerlas por todos los medios posibles, pero hay mucha gente capaz de tener su propia opinión. Una mentira necesita de otra mentira para sostenerse, y llegado el momento la verdad surge, dejando en evidencia su doble discurso y se manifiesta su dualidad de criterios. Porque la vida es realidad, y la mentira tarde o temprano rebotará ante la verdad.

En ese afán de querer generar opinión, carecen ellos mismos de una opinión cabal y respetable de las cosas.

Ahora, lo interesante es que muchas de estas personas saben lo que está mal, pero quieren imponer una nueva moralidad y justificar sus propios pecados. Creen lo que es lógico y razonable, pero se esfuerzan por enseñar lo que va a contra pelo con la razón.

La dualidad de criterios es peor que ser tibios. Si a estos últimos se les dijo: *"Yo conozco tus obras, que no eres frío ni caliente. ¡Ojalá fueses frío o caliente! Pero porque eres tibio, y no frío ni caliente, te vomitaré de mi boca."* (Apocalipsis 3:16-17). ¿Qué se les dirá a los de criterio dual, quienes dicen una cosa y sus hechos lo contrario, que se muestran fríos y caliente a la vez? O como dice la canción *"dos caras tiene tu corazón, dos caras mientes sin compasión...*"[5]

Estamos viviendo una época de una guerra intelectual o más bien una guerra contra la razón y el intelecto. Ya se hizo referencia esta época, época de pérdida de la razón y del buen criterio, época de neutralización de la conciencia, época de que a lo malo llaman bueno, y a lo bueno malo. Quienes lo hacen saben lo que es correcto, pero persiguen un fin espurio.

Logran éxito enseñando mentiras y de tanto mentir, llegan a ser populares y a creer en sus propias mentiras. El diablo cambia mentiras por popularidad, por fama, por poder y por abundancia de pecados y vicios, y muchos aceptan el cambio.

Éstos, son como los lobos vestidos de ovejas (ver Mateo 7:15). Pero lamentablemente, algunos son ovejas vestidas de lobo. El diablo engaña a gente inocente, y las hace pelearse como lobos, hablar el lenguaje de lobos, frecuentar los lugares que frecuentan los lobos, consumir e ingerir lo que consumen e ingieren los lobos. Finalmente, terminan actuando como lobos, pero eran ovejas mansas y buenas.

Sin embargo, se puede volver con ayuda divina, y como la crisálida, que pasó de ser gusano a tener alas, volar libremente como mariposa.

Escuché decir con sabiduría que: *"Si un hombre o una mujer no vive como cree, terminará creyendo como vive."*

Finalmente, terminan actuando como lobos,
pero eran ovejas mansas y buenas.
Sin embargo,
se puede volver con ayuda divina,
y como la crisálida,
que pasó de ser gusano a tener alas,
volar libremente como mariposa.

4 – La Mentira Emotiva

A esta época se le está llamando la era de la *"Posverdad"* o de la *"Mentira Emotiva"*. El diccionario define la palabra *"posverdad"* como *"Distorsión deliberada de una realidad, que manipula creencias y emociones con el fin de influir en la opinión pública y en actitudes sociales. Los demagogos son maestros de la posverdad."* (Diccionario de la Lengua Española – Real Academia Española).

"La posverdad" es hacer que los hechos objetivos tengan menor influencia que las apelaciones a las emociones e idearios colectivos erróneos.

Estos conceptos falsos, de la *"posverdad"* o de la *"mentira emotiva"*, se basan en doctrinas erróneas que dicen que *"una mentira repetida mil veces se convierte en verdad."* (Frase atribuida a Joseph Goebbels)[7]

Entonces, valiéndose de esta corriente de pensamiento maligno tratan de derribar todo lo que es bueno, haciéndolo parecer malo, y todo lo que es malo haciéndolo parecer bueno. Utilizan para ello argumentos subjetivos, que remueven los sentimientos y generan idearios colectivos erróneos, muchas veces provocando el odio, el menosprecio, la falta de respeto, el insulto y a veces el escrache. Carecen de verdad y menosprecian la evidencia, la razón, el intelecto, el sentido común y el buen criterio.

Cuando el hombre pierde su capacidad de discernir, por haber adormecido, neutralizado o cauterizado su conciencia, es arrastrado por cualquier viento de doctrina falsa.

Es apropiado citar lo que dijo Pablo de Tarso: *"En los últimos tiempos, algunos apostatarán de la fe, escuchando a espíritus engañadores y a doctrinas de demonios; que con hipocresía hablarán mentira, teniendo cauterizada la conciencia."* (1 Timoteo 4:1-2).

La conciencia cauterizada, y también corrompida como se ha referido Pablo, es el resultado de ir reiteradamente contra los dictados de la propia conciencia o a su desobediencia plena. Por lo que abundan los sabios, los instruidos, los profesionales y pseudointelectuales llenos de vanidad y orgullo que defienden falsas doctrinas con abundancia de argumentos sin ningún peso ante la verdad.

Los predicadores de falsas ideologías profetizan el futuro, pero no creen en el espíritu de profecía, y son agoreros de lo que no saben. Sus promesas se basan siempre en el futuro, ignorando el presente, y ocultando el pasado que siempre los incrimina.

Los sabios ante sus propios ojos abundan en el mundo. Muchos creen que, abundando en argumentos filosóficos alejados de la verdad, podrán sustituir los principios y valores enseñados por el Hijo del Altísimo. Se creen sabios, pero ignoran los consejos del Gran Pastor de las Ovejas. Bien dijo el rey Salomón: *"¿Has visto a hombre sabio ante sus propios ojos? Más se puede esperar del necio que de él."* (Proverbios 26:12).

Un extracto de un viejo manual de estudios del Antiguo Testamento decía:

"...La Babilonia del mundo cree saberlo todo y exige que los hombres le rindan culto. Cuando las personas aceptan esta doctrina infernal,

empiezan a creer que saben lo que otros ignoran, y se creen deidades hasta el punto de dar y quitar la vida (compare con 2 Nefi 9:20). '¡Oh ese sutil plan del maligno! ¡Oh las vanidades, y las flaquezas, y las necedades de los hombres! Cuando son instruidos se creen sabios, y no escuchan el consejo de Dios, porque lo menosprecian, suponiendo que saben de sí mismos; por tanto, su sabiduría es locura, y de nada les sirve; y perecerán.' (2 Nefi 9:28)." (Manual de Instituto – El antiguo Testamento – Manual para el Alumno – El Dios de Israel y de las naciones – Pág. 179-191).

A causa de la maldad los hombres terminan perdiendo luz. Hay un ataque insistente y malicioso mundial contra todo lo bueno. Parece que si algo es bueno es merecedor de ser atacado. Una parte del mundo parece cada día confundirse más entre lo que es bueno y malo.

Existen algunas pautas para distinguir la *"mentira emotiva"* de la verdad. Estos son algunos ejemplos de quienes utilizan la *"mentira emotiva"*:

- No les importan los argumentos y pruebas disponibles, les interesan más las emociones que sus mentiras puedan generar.

- Tildan de ignorantes a todos los que piensan diferente a ellos, y los tratan con desprecio.

- Se basan en mentiras para defender lo que ellos consideran *"su verdad"*. La verdad no tiene secciones de mentira, o que la necesita para ser enseñada o defendida.

- Se oponen tenazmente a todo tipo de los valores, procurando desacreditarlos.

- Cuando quedan sin argumentos, cambian a otro tema que nada tiene que ver, introduciendo un ataque para distraer al interlocutor del meollo del asunto discutido.

- Son características de su dialéctica entreverar algunas verdades con una mentira, utilizar antónimos, usar eufemismos o desmembrar palabras para darles un significado distinto.

- Generalmente, se alejan de la excelencia allegándose a la mediocridad, y ellos mismos son el ejemplo de esa tendencia degradante.

- Siempre están presentes en cada comentario de las redes sociales para dejar marcada su mala influencia, creando contenciones acaloradas, faltas de respeto y vocabulario soez.

- Son creadores de divisiones entre hombre y mujer, entre pobres y quienes prosperan, entre empleado y empleador, y otras divisiones culturales o sociales.

- No tienen autocrítica, por lo que nunca reconocerán sus propias mentiras o defectos, y si quedan en evidencia le echarán la culpa a otro.

- Creen que son especialistas para dar explicaciones sobre asuntos de la fe, ignorando que el conocimiento de cosas espirituales no depende de lo que se lee, sino de lo que se vive y se es.

- Quienes utilizan la *"mentira emotiva"* en la región son incongruentes, prometen prosperidad económica y ahogan a las empresas; predican libertad y ejercen coerción y patoterismo; promueven el aumento de la población y legislan a favor del aborto; hablan de seguridad y sueltan presos.

Muchos se basan en esta ideología falsa de la *"posverdad"*, o *"mentira emotiva"*, para destruir verdades, no sólo en el ámbito religioso, sino social, cultural, político, familiar, y de cualquier otra verdad pasada, presente o futura.

Con esta forma de engaño destruyen inclusive el carácter y buen nombre de personas públicas, o de cualquier otras que denuncien sus errores o fallas, o aquellos a quienes los consideren sus adversarios.

En un artículo que leí titulado *"La Era de la Post-Verdad"*, del Lic. Hernán Bonilla[8], decía ironizando: *"Ahora todo es relativo, nada es concluyente y las mayores estupideces pueden sostenerse con la misma convicción que la verdad objetiva… Los inescrupulosos y manipuladores tienen más chance de tener éxito que las personas sensatas y razonables."* (Diario el País – La era de la post-verdad –25/11/16).

Quienes utilizan la *"mentira emotiva"* para engañar, y principalmente para obtener o conservar poder, tienen una explicación para todo, haciendo creer que todo se resuelve argumentando, y tienen los argumentos más absurdos para defender lo más ridículo.

Como parte del engaño de *"la posverdad"*, se utilizan en esta época los *"eufemismos"*. Según el diccionario este término significa: *"Manifestación suave o decorosa de ideas cuya recta y franca expresión sería dura o malsonante"* (Real Academia Española – Edición del Tricentenario).

Entonces valiéndose de eufemismos pretenden hacer parecer buena o inocente toda cosa mala, y de ese modo manipular creencias y emociones de la opinión pública. Le llaman *"yerba"* a la droga, *"consumidor"* al drogadicto, *"interrupción voluntaria del embarazo"* al aborto, *"cleptómano"* al ladrón, *"desliz amoroso"* al adulterio, *"dama de compañía"* a la prostituta, *"errores"* a los pecados, *"unión libre"* al concubinato, *"pareja"* al concubino o concubina y *"hacer el amor"* a la fornicación o al adulterio. Cuanto más lejos se encuentren de la realidad, más difícil será salir del error. El primer paso para superar un pecado, un mal hábito, o una adicción es aceptar la verdad y reconocer la realidad.

Pretenden cambiar la realidad de las cosas poniéndole nombres que los hacen parecer que no tienen maldad y de ese modo ir neutralizando la conciencia de quienes se apartan de la verdad.

Lo cierto es que la verdad no se modifica por el tipo de expresiones que utilicemos. Tampoco se la altera por legislación alguna, ni por mayoría, ni por consenso, ni por decisión expresa de los gobernantes, ni por imposición de los ejércitos, ni por presión de ninguna organización o lobby, ni de débiles ni de fuertes, porque la verdad es inmutable.

"…La verdad es el conocimiento de las cosas como son, como eran y como han de ser; y lo que sea más o menos que esto es el espíritu de aquel inicuo que fue mentiroso desde el principio." (Doc. y Conv. 93:24-25).

La mentira son las cosas como no son, como no fueron y como nunca serán. ¡Una verdad es! ¡Una mentira no es! El diablo es el *"padre de la mentira."* (Juan 8:44).

Enseñó el Maestro: *"Y Conoceréis la verdad y la verdad os hará libres"* (Juan 8:32). Libres de la maldad, del engaño, de la ignorancia, del pecado, de las consecuencias nefastas de la propia mentira *"emotiva"* o no.

Joseph F. Smith[25] enseñó con elocuencia sobre los engaños de estos últimos tiempos:

"No hay que olvidar que el maligno ejerce gran poder en la tierra, y que se vale de todo medio posible para ofuscar la mente de los hombres, y entonces les ofrece falsedades y desengaños a guisa de verdad. Satanás es un hábil imitador,

y al paso que se va dando al mundo la verdad genuina del Evangelio en abundancia cada vez más grande, él hace circular la moneda falsa de la doctrina falaz. Guardaos de su moneda espuria, porque no os comprará nada sino la decepción, la miseria y la muerte espiritual. Se le ha llamado el 'padre de las mentiras', y tan hábil ha llegado a ser, a causa de haber practicado su obra nefaria a través de las edades, que engañaría, de ser posible, a los mismos escogidos" (Doctrina del Evangelio, pág. 370).

Una *"mentira emotiva"* es doblemente engañosa, porque no engaña solamente a la mente, sino también al corazón. Y la expresión *"posverdad"* es falsa en sí misma, porque no hay nada después de la verdad, porque *"…la verdad permanece para siempre jamás…"* (Doc. y Conv. 1:39).

No crean todo lo que se escribe, ni todo lo que se dice, o publica por audio o video, aunque parezca bueno. Pongan atención a que sentimientos provoca, si de bondad, u odio, porque la *"mentira emotiva"* muchas veces utiliza el odio como vehículo para engañar.

"Por sus frutos los conoceréis. ¿Se recogen uvas de los espinos o higos de los abrojos?

"Así, todo buen árbol da buenos frutos, mas el árbol malo da malos frutos.

"No puede el árbol bueno dar malos frutos, ni el árbol malo dar buenos frutos.

"Todo árbol que no da buen fruto es cortado y echado en el fuego.

"Así que, por sus frutos los conoceréis." (Mateo 7:16-20).

5 – Como Evitar el Engaño

¿Quién podrá detectar el engaño anticipadamente? Algunos tienen esa virtud, otros lo van aprendiendo con la experiencia, pero otros, personas o instituciones, inevitablemente son engañados.

En mi trabajo anterior pude investigar y descubrir varios desfalcos, uno de ellos por dos millones y medio de dólares. De todas las experiencias vividas aprendí unas cuantas cosas de como detectar el fraude. También la experiencia me ha ayudado a saber que los embaucadores, mentirosos o ladrones tienen en común un determinado perfil, porque de todos ellos el maestro es el mismo, el diablo:

- Se mostrarán excesivamente amables, podríamos decir repugnantemente amables. Pero no son amables, están imitando ser amables. Mantenga la debida distancia en el relacionamiento.

- Utilizan además de la lisonja hipócrita, mucha elocuencia.

- Todo lo que hacen, aunque parezca una conversación trivial, es siempre con objeto de obtener algún dato valioso para embaucar, robar, sacar un beneficio propio, o conseguir adeptos a su corriente de pensamiento.

- Son egoístas, piensan más en sí mismos o en sus beneficios, bien sea económicos o políticos, que en los demás. Piensan que su víctima es inferior a ellos y que merece ser engañada, careciendo de total empatía.

- Los embaucadores, mentirosos o ladrones generalmente también son inmorales y aunque su imagen estará bien protegida y darán apariencia de piedad, bondad y de ser confiables.

- En el lugar de trabajo el desorden en la documentación, o ciertas incongruencias son síntomas de desfalco, malversación o engaño.

- El extravío de documentos es un síntoma de desfalco o malversación en empresas. El controlar la cartera de documentos frecuentemente es una buena práctica.

- Normalmente no se toman licencia, no quieren que en su

ausencia se descubra su fraude. Tampoco delegan, aunque estén saturados de trabajo, porque el delegar daría lugar a ser descubiertos.

- En una empresa, los rubros de resultados (de Pérdidas o Ganancias) son los más vulnerables ante quien está cometiendo desfalcos o malversaciones. Las contrapartidas de estos rubros deben ser supervisadas individualmente y auditadas con frecuencia.

- Sus estilos de vida no encajan con lo que ganan. A veces simularan tener otro emprendimiento, pero de ser verdad, si se analiza, ese tampoco les aporta suficiente para mantener el estilo de vida que llevan.

- Procuran ganar la confianza de los clientes de la empresa que representan, proponiendo trámites más rápidos para no hacer perder tiempo a sus víctimas, pidiéndoles que dejen de antemano firmado algún documento.

- Se ofrecen para recibir dinero por fuera de la caja, con la excusa de no hacer esperar al cliente, y a veces no depositan el dinero y llevan cuentas apócrifas con los saldos del cliente.

- Muchas veces hacen horas extras trabajando hasta altas horas de la noche, cuando ya no hay nadie o muchas personas que puedan verificar lo que están haciendo. Manejan los sistemas informáticos y les conocen sus fallas o puntos débiles.

- El estafador, embaucador, o ladrón, generalmente es también jugador empedernido, y despilfarra en el juego dinero ajeno.

- Muchos de ellos tienen fantasías de Robin Hood, sabiendo que son forajidos deliran con ser héroes a la vez, dando pequeños beneficios de lo robado a algunos, para evitar sospechas o generar aprobación.

- Defenderán a los delincuentes, y los tratarán como colegas.

- Anteponen sus propios intereses a los de la gente, sin importar las trágicas consecuencias que les causen a sus víctimas en la salud, la vida, la economía, la libertad u otras cosas.

- Presentarán su propuesta como buena o salvadora de algún grupo minoritario, pero es falsa, detrás de ella siempre ocultarán algo perverso.

- El engañador es promovedor de la cultura del derecho, pero no enseñarán ni un ápice de obligaciones.

- El embaucador maximizará las bonanzas de sus propuestas, y minimizará los errores con argumentaciones de supuesta intelectualidad, imposibles de verificar.

- Abundará en fuentes o testigos que no son de acceso al interlocutor, o de dudosa fiabilidad, y se envanecerá en aparentar estar al tanto de informaciones no disponibles al público en general.

- El engañador siempre transmitirá una sensación de urgencia, como información de último momento, o apuro, o como que el tiempo se agota. Pregúntese y dude: ¿Por qué no lo informó antes? O, ¿por qué lo informa recién ahora cuando ya no hay tiempo de averiguar?

- Es característica del engañador exigir una toma de decisiones, o respuesta inmediata. Aturdirá a su interlocutor, con urgencias de que el interlocutor fue víctima de engaños, cuando en realidad el engañador es él.

- En los delitos informáticos los embaucadores, mentirosos, ladrones o estafadores actuarán con la información que usted les ha proporcionado. A veces la publicación de simples fotos o comentarios triviales les van dando mucha información que utilizan para engañarlo o estafarlo.

- El embaucador, o ladrón, abordará a su posible víctima en momentos inoportunos y se dirigirá a ella aparentando mucho respeto. Querrá ganarse la confianza rápidamente a pesar de ser un desconocido. Pero su cortesía sonará a hueca y un tanto fuera de lugar. Manténgase reservado.

- Desconocen lo que es ética, honradez, integridad y confiabilidad.

- El engañador tiene como característica ofender y reaccionar con mucho enojo.

- El embaucador adornará la mentira con argumentos falases, datos manipulados, pero que ninguno se pueda verificar.

Se debería utilizar el mismo criterio que la ciencia con la información proporcionada por el embaucador: Debe aceptarse que la verificación, o comprobación, de la información que transmite pueda ser realizada por cualquier persona. Si presenta informaciones difíciles de comprobar, con ataques, menosprecios, odios, desdén, burlas y humillaciones a terceros, es muy probable que sean falsas.

Toda información que se brinde para hacer cambiar de parecer o acceder a algo nuevo debe ser pensada calmadamente, desligarla de la emotividad, y procurar detectar si hay engaño de por medio. Es aconsejable tomarse tiempo para analizar la propuesta.

El recurrir a las fuentes es uno de los más importantes principios para detectar el engaño. Muchas veces el engañador no citará ninguna fuente, por lo que resulta imposible verificar su veracidad o engaño, y eso ya es para desconfiar. Por más emotiva que sea la supuesta información, por más que incite a las emociones, si no se puede verificar en las fuentes correctas, es mejor ignorar, o dejarlo pendiente para volcar las emociones una vez que sea verificado. Pero, si no cita fuentes confiables, es posible que sea engaño.

Llame a quien el posible embaucador dice que representa, y si no logra comunicarse, dígale que usted necesita comunicarse antes de realizar cualquier transacción o compromiso. No acepte que lo llamen, llame usted mismo.

También, cuando le traen un cuento o argumento, pregúntese siempre: ¿A quién beneficia lo que me dice? Normalmente la información que transmite el engañador lo beneficia a sí mismo, o a su grupo de iguales. Las noticias verdaderas normalmente son neutras, y no tienen que venir solamente de quien se beneficia de ellas.

También pregúntese: ¿Lo que se me dice causa aversión, desprecio u odio? Las informaciones que van cargadas de odio, aversión, o desprecio hacia una persona, normalmente no son verídicas, o están cargados de parcialidad.

Si uno se contagia del odio, del desprecio o aversión hacia una persona determinada, o grupo de personas, difícilmente podrá percibir la verdad, ya que queda infestado de los efectos de la *"mentira emotiva"*.

Por último, siempre considere lo siguiente: El riesgo siempre será proporcional al beneficio ofrecido. A mayor beneficio ofrecido, mayor será el riesgo. Es como en las finanzas, a mayor interés ofrecido, mayor será el riesgo que se corre en la inversión.

6 – ¿Quién Inspira a Qué?

Para hablar del tema se partirá del concepto de que toda inspiración al final procede del bien o del mal; de la verdad o de la mentira; de la sensatez o de la insensatez, o de otros sinónimos con sus correspondientes antónimos. Y que todo concluye en el principio de que todo lo que es bueno viene de Dios, y lo que es malo viene del diablo.

Ya fue citado en esta obra lo siguiente, que, aunque fue dicho hace muchos siglos, conserva aún su verdad profética:

"...Porque el diablo ...invita e induce a pecar y a hacer lo que es malo sin cesar.

"Mas he aquí, lo que es de Dios invita e induce a hacer lo bueno continuamente..." (Extracto de texto ya citado – Moroni 7:12-13).

La pérdida de esa capacidad de distinguir el bien del mal, la verdad del error o de la mentira, la sensatez de la ridiculez o de lo absurdo, está intrínsecamente relacionada con el tipo de vida, así como a las concepciones ideológicas o filosóficas de cada individuo. El tener ese don o perderlo, son consecuencias que responden a una ley del universo.

Esto está relacionado con las fuentes de inspiración. Cuando el hombre o la mujer deja de recibir inspiración del bien, indudablemente comienza a recibirla del mal y en consecuencia, pierde la habilidad de distinguir la diferencia. Va contra la naturaleza de Dios inspirar el bien y también el mal. Bien dijo Santiago:

"¿Acaso echa alguna fuente por la misma abertura agua dulce y agua amarga?" (Santiago 3:11). Entonces, la inspiración del mal procederá de otra fuente.

Analicemos entonces las diferentes aguas procedentes de las diferentes fuentes, para poder analizar quién inspira a qué:

<u>Aguas Dulces</u>	<u>Aguas Amargas</u>
"Amarás al Señor tu Dios…" (Mateo 22:37).	No creer en Dios y mofarse de la religión.
"Amarás a tu prójimo como a ti mismo." (Mateo 22:39).	Crear divisionismos, odios, rencores, críticas, persecuciones, "bulling".

"Bienaventurados los mansos." (Mateo 5:5).	Protestas callejeras, manifestaciones, tumultos, violencia.
"Bienaventurados los misericordiosos." (Mateo 5:7).	Venganzas, escraches, difamaciones, injurias.
"Bienaventurados los de limpio corazón." (Mateo 5:8).	Inmoralidad, pecado, adulterio, fornicación, pornografía.
"Bienaventurados los pacificadores." (Mateo 5:9).	Guerras, rapiñas, ataques por las redes, insultos, provocaciones.

"No matarás." (Éxodo 20:13).	Escalada de muertes en el pasado o presente, sin importar de qué lado ocurrieron. Aborto y genocidio de inocentes. Eutanasia.
"No cometerás adulterio." (Éxodo 20:14).	Relaciones extramaritales y concubinarias. Depravaciones, orgías, violaciones, abusos.
"No hurtarás." (Éxodo 20:15).	Robos organizados en tiempos pasados y contemporáneos. Desfalcos, malversaciones, desviaciones y abusos de dinero ajeno.

"No dirás contra tu prójimo falso testimonio." (Éxodo 20:16).	Falsedades, calumnias, mentiras emotivas.
"No codiciarás." (Éxodo 20:17).	El ladrón es codicioso. El adúltero es codicioso. El que menosprecia al rico, codicia sus bienes, y tan pronto como tiene oportunidad de administrar bienes ajenos los despilfarrará para vivir como rico.

"Y cualquiera que haga tropezar a uno de estos pequeñitos que creen en mí, mejor le fuera que…" (Marcos 9:42).	Haber querido pervertir a los niños enseñándoles sexualidad desde los 3 años sin consentimiento de los padres. Antecedido por leyes 18.426 y 18.427.
"Y por haberse multiplicado la maldad, el amor de muchos se enfriará." (Mateo 24:12).	Muertes, violencia doméstica, feminicidios, parricidios, matricidios y filicidios.

"No juzguéis según las apariencias, sino juzgad con justo juicio." (Juan 7:24).	Juzgar al prójimo sin verificar ni recurrir a las fuentes. Mentir agregando sentimientos de odio, divisionismo y rencores. Apelar a las emociones e idearios colectivos erróneos al juzgar a otras personas o grupos

Con lo expuesto, simplemente ayudo a la reflexión de quien inspira a que. Si las ideas de un individuo fueran inspiradas por el mal, no puede promoverlas como buenas. No puede pregonar lo bueno, si sus actos son inspirados por el mal. Bien dijo Shakespeare en Macbeth[9]: *"Los actos* al propósito no alcanzan, si unidos no encaminan."

Un profeta sabio dijo una vez, hace siglos, refiriéndose al diablo: *"…Porque él no persuade a ningún hombre a hacer lo bueno, no, ni a uno solo; ni lo hacen sus ángeles; ni los que a él se sujetan."* (Extracto de Texto ya citado – Moroni 7:17).

*Cuando el hombre o la mujer
deja de recibir inspiración del bien,
indudablemente comienza a recibirla del mal
y en consecuencia,
pierde la habilidad de distinguir la diferencia.*

7 – Los Anticristos Modernos

En este capítulo, para describir las características de anticristos modernos, se hará referencia a los relatos de las experiencias del profeta Alma[10] con Korihor[11] (Aprox. 76-74 A.C.) y con Nehor[12] (Aprox. 91-88 A.C.), y la de Jacob[13] con Sherem[14] (Aprox. 544-421 A.C.). A pesar de su antigüedad, se editaron recién en marzo de 1830, pero aún conservan su contemporaneidad. También se hará referencia a las descripciones del apóstol Juan. Todas estas descripciones de situaciones antiguas también son proféticas y describen a los anticristos modernos.

Los tres anticristos mencionados vivieron en épocas antiguas muy distintas unas de otros. Sus historias recién salen a luz aproximadamente dos milenios después, con la publicación del Libro de Mormón en marzo de 1830. Sin embargo, los patrones de conducta, tanto de los anticristos antiguos como modernos, son semejantes. El maestro siempre ha sido el mismo, por lo que sus perfiles son iguales.

En la obra *"La Guía para el Estudio de las Escrituras"*[15] define a los anticristos de esta manera:

"Toda persona o todo aquello que sea una representación falsa del verdadero plan de salvación del Evangelio, y que manifiesta o secretamente se oponga a Cristo. Juan el Revelador describió al anticristo diciendo que es un mentiroso. ...El mayor anticristo es Lucifer, pero tiene muchos colaboradores, tanto entre los seres mortales como entre los espíritus."

En la definición anterior se mencionan cuatro de las características de los anticristos antiguos o modernos:

a) <u>Presentan un Plan de Salvación Falso</u>: Proponen doctrinas falsas o corrientes de pensamiento mundanales opuestas al evangelio de Jesucristo.

b) <u>Se Oponen a Cristo Manifiesta o Secretamente</u>: Son aquellos que se oponen a Cristo. También son aquellos que, aunque no se manifiesten públicamente, apoyan encubiertamente a corrientes de pensamiento que son contrarias u opuestas a las enseñanzas de Cristo haciéndolas parecer inofensivas.

c) <u>Son Mentirosos</u>: Están llenos de mentiras, utilizan con maestría la *"mentira emotiva"* o *"posverdad"*.

d) <u>Son Colaboradores de Lucifer</u>: Son los colaboradores de Lucifer y quienes les dan apoyo promoviendo algunas o todas sus ideologías mundanas. Son los pseudointelectuales, quienes se identifican con diferentes corrientes de pensamientos, lobbies, u organizaciones civiles o políticas, que tiene por objeto pregonar como bueno todo lo que Dios prohíbe, o como malo todo lo que Dios aprueba. Son quienes se oponen a todos lo que es honrado, verídico, casto, benevolente, virtuoso, bello, de buena reputación, o digno de alabanza, y no hacen el bien a todos los hombres (Ver Artículos de Fe)[16]

Con el modelo de los anticristos antiguos analizaremos las características de los modernos, para ayudar a identificarlos y estar prevenidos de sus engaños:

<u>Desacreditan las Profecías</u> – El anticristo moderno, niega las profecías de la Segunda Venida de Cristo.

<u>La Ley los Protege</u> – *"…La ley no podía constreñirlo."* (Alma 30:12). A los anticristos modernos en el mundo también la ley los protege, por la inmunidad parlamentaria y porque previamente se encargaron de hacer que organizaciones internacionales y gobiernos del mundo dictaran normas y leyes que aprobaran las aberraciones que iban a enseñar. Su modo de negar al Cristo se basa en aprobar por ley todo lo que su evangelio prohíbe.

<u>Predican</u> – *"…Empezó a predicar al pueblo…"* (Alma 30:12). Las doctrinas que predican son falsas. Utiliza para predicar todo medio de comunicación masiva, bien sea radio, televisión, cine, música, prensa escrita, literatura, internet, y todo tipo de redes sociales. Para ello utilizan métodos directos o

subliminales. También logran inmiscuir sus enseñanzas falsas en todos los niveles de la enseñanza, desde preescolares hasta universitarios, por ley, por norma, o por imposición.

<u>Faltan el Respeto</u> – Es característica del anticristo moderno faltar el respeto a su interlocutor, e inclusive ofender. (Ver Alma 30:13).

<u>Niegan el Espíritu de Profecía</u> – *"...Ningún hombre puede saber acerca de lo porvenir."* (Alma 30:13). Sherem, también predicó la misma mentira (Ver Jacob 7:7). Negar el espíritu de profecía y afirmar que nadie puede saber lo del futuro, es el argumento de todos ellos. Sin embrago, las profecías se cumplen una tras otra.

<u>Argumentan Que lo Que No Se Ve No Existe</u> – *"...He aquí, no podéis saber de las cosas que no veis..."* (Alma 30:15). Esto argumentan recurrentemente

quienes niegan a Cristo, como si lo que no se ve no existiera. Hay muchas cosas más que no las vemos y aceptamos su existencia: El amor; la fuerza del imán; la ley de gravedad; la electricidad; la existencia de alguna enfermedad con síntomas imperceptibles; la cercanía de la muerte o las percepciones. La fe es conocimiento, es luz de cosas no visibles, no comprobables con los cinco sentidos, pero cosas reales. Es conocimiento comprobable con sentidos existentes, pero que no se encuadran en ninguno de los cinco sentidos humanos. Hay otras maneras de sentir además de ver, oler, gustar, oír o tocar.

Insultan – *"...Esto no es sino el efecto de una mente desvariada; y este trastorno mental resulta de las tradiciones de vuestros padres que os inducen a creer en cosas que no existen."* (Alma 30:16). El insulto es una de sus características proféticas. En este caso tilda la fe del interlocutor como el efecto de *"una mente desvariada"* y *"trastorno mental"*.

<u>Niegan lo Que No Saben</u> – *"...Diciéndoles que no se podía hacer ninguna expiación por los pecados de los hombres..."* (Alma 30:17). Niegan o afirman cosas que no saben como si fueran expertos en temas de religión y de fe.

<u>Afirman Teorías Falsas</u> – *"...Sino que en esta vida a cada uno le tocaba de acuerdo con su habilidad; por tanto, todo hombre prosperaba según su genio, todo hombre conquistaba según su fuerza..."* (Alma 30:17). Esta teoría mundana, aunque tiene parte de verdad, es falsa. Además, demuestra ingratitud, actitud que el Señor reprueba: *"Y en nada ofende el hombre a Dios, ni contra ninguno está*

encendida su ira, sino contra aquellos que no confiesan su mano en todas las cosas y no obedecen sus mandamientos." (Doc. y Conv. 59:21).

<u>Predicadores del Pecado</u> – *"…Y no era ningún crimen el que un hombre hiciese cosa cualquiera."* (Alma 30:17). El anticristo es predicador del pecado y lo enseña como si fuera bueno.

<u>Son Inmorales</u> – *"Y así les predicaba, desviando el corazón de muchos, haciéndoles erguir sus cabezas en su iniquidad; sí, incitando a muchas mujeres, y también hombres, a cometer fornicaciones, diciéndoles que cuando moría el hombre, allí terminaba todo."* (Alma 30:18). Otra vez vemos las descripciones de Korihor, el anticristo, describiendo proféticamente a sus equivalentes modernos. Son así, inmorales, adúlteros, fornicarios, predicando una actitud neutralizante de

la conciencia y del posible arrepentimiento.

<u>Acusan Falsamente</u> – *"Insensatas ordenanzas y prácticas establecidas por antiguos sacerdotes para usurpar poder y autoridad sobre ellos…"* (Alma 30:23). Tratan las prácticas y ordenanzas religiosas como insensateces. También atribuyen a su interlocutor usurpación de poder y autoridad sobre los feligreses, cosa que es una debilidad humana, y siempre fue un deseo del diablo, pero no lo es en la Iglesia de Cristo: Esta es la doctrina verdadera: *"Cuando intentamos encubrir nuestros pecados, o satisfacer nuestro orgullo, nuestra vana ambición, o ejercer mando, dominio o compulsión sobre las almas de los hijos de los hombres, en cualquier grado de injusticia, he aquí, los cielos se retiran, el Espíritu del Señor es ofendido, y cuando se aparta,*

se acabó el sacerdocio o autoridad de tal hombre." (Doc. y Conv. 121:37).

También Korihor acusó falsamente al sumo sacerdote Giddona, tal como el anticristo moderno acusa a los sacerdotes de Dios: *"Los tenéis sometidos, como si fuera en el cautiverio, para saciaros del trabajo de sus manos".* (Alma 30:27). Las acusaciones falsas del anticristo son fáciles de probar, pero en un mundo donde cree que vive en la era de *"la posverdad"* o de la *"mentira emotiva"* no le importan los argumentos y pruebas disponibles. Les interesa causar emociones con sus mentiras. También acusan de que los sacerdotes *"...los uncen al yugo según sus deseos..."* (Alma 30:28). Y en la realidad los sacerdotes son el medio de liberar al pueblo de la ignorancia, de los vicios y pecados. Tal como Cristo profetizó, que conociendo la verdad ésta nos hace libres (Ver Juan 8:32).

<u>Cambian las Cosas</u> – *"Decís que este es un pueblo libre. He aquí, os digo que se halla en el cautiverio…"* (Alma 30:24). También en tiempos modernos el anticristo atribuye a su interlocutor las debilidades y flaquezas que el mismo posee. Aparentando fortalezas donde no las hay, sugiriendo ser independiente cuando no lo es. No es libre, porque no tiene la verdad, y se encuentra esclavizado por los pecados y adiciones del mundo. Son características del anticristo cambiar el sentido de las palabras.

<u>Ponen en Dudas el Testimonio</u> – *"He aquí, os digo que no sabéis si son verdaderas."* (Alma 30:24). Como no tienen la capacidad espiritual de recibir un testimonio ponen en dudas el testimonio ajeno. Como si estuvieran

familiarizados con asuntos espirituales para poder afirmarlo.

<u>Niegan a Cristo</u> – *"También decís que Cristo vendrá. Mas he aquí, os digo que no sabéis si habrá un Cristo. Y también decís que será muerto por los pecados del mundo."* (Alma 30:26). El anticristo no tiene ni testimonio ni fe, por lo que no puede recibir la compañía del Espíritu Santo para que se los otorgue. Tampoco puede tener el espíritu de profecía, que testifica que Cristo vendrá en su segunda venida, a menos que se arrepienta y se vuelva a Dios. Sherem, tal como en tiempos modernos, no sólo niega al Cristo, sino que generaliza y dice con aire despectivo que *"no habría ningún Cristo"*. *"...Empezó a predicar entre los del pueblo, y a declararles que no habría ningún Cristo..."* (Jacob 7:2).

<u>Niegan a Dios</u> – *"...Dios, un ser que nunca se ha visto ni conocido, que nunca existió ni existirá."* (Alma 30:28). No

sólo niegan a Cristo, sino a Dios y a todo lo relacionado con Él.

Utilizan Palabras Altaneras – *"Y prorrumpió en palabras muy altaneras delante de Alma…"* (Alma 30:31). El utilizar palabras altaneras también es otra característica del anticristo moderno.

Denigran a los Sacerdotes – *"…Vilipendió a los sacerdotes y a los maestros."* (Alma 30:31). El denigrar a los siervos de Dios y tratarlos con desprecio, es otra característica del anticristo moderno.

Acusan a los Sacerdotes – *"…A fin de hartarse con el trabajo del pueblo."* (Alma 30:31). Acusar a los sacerdotes de usar en su beneficio los diezmos y donaciones de los feligreses, y de llevar una vida próspera, es característica moderna del que niega a Cristo. Aunque el anticristo sepa del carácter honorario del sacerdote, igual pronunciará la acusación, porque sabe del efecto que causa en la mente de los demás. La respuesta clara y lógica de Alma, también podría ser nuestra: *"…Tú sabes que no nos aprovechamos del trabajo de este pueblo… a pesar del mucho trabajo que he hecho en la iglesia, nunca he recibido ni siquiera un senine por mi trabajo, ni tampoco ninguno de mis hermanos."* Luego Alma continúa diciendo: *"De modo que si no recibimos nada por nuestro trabajo en la iglesia, ¿qué nos beneficia trabajar en la iglesia, aparte de declarar la verdad para regocijarnos en el gozo de nuestros hermanos? ¿Por qué dices, pues, que le predicamos a este pueblo para lucrar, cuando tú de ti mismo sabes que no recibimos nada? ¿Crees tú que engañamos a este pueblo y que eso es lo que causa tanto gozo en sus corazones?"* (Alma 30:32-35).

La <u>Fuerza del Testimonio los Detiene</u> – *"Y Alma le dijo: ¿Negarás nuevamente que hay un Dios, y negarás también al Cristo? Pues he aquí, te digo: Yo sé que hay un Dios, y también que Cristo vendrá."* (Alma 30:39). No pueden negar razonablemente el testimonio que el siervo de Dios exprese, porque nadie puede saber lo que uno sabe. Y esta forma de enfrentar al anticristo con el poder del testimonio los deja en evidencia de que lo que ellos presentan son sus propias opiniones.

<u>Piden Evidencias</u> – En el relato de la conversación de Alma con el anticristo Korihor, el profeta se le adelanta a una pregunta que, sin dudas, la veía venir, sobre qué evidencia tenía él de la existencia de Dios. Como anteriormente ya había expresado su testimonio, e implícitamente contestó esa pregunta, Alma se le anticipa y se la hace a Korihor de esta manera: *"Ahora*

bien, ¿qué evidencia tienes de que no hay Dios, o de que Cristo no va a venir? Te digo que no tienes ninguna salvo tu propia palabra únicamente." (Alma 30:40). Seguidamente le expresa que todas las cosas dan testimonio de que sus palabras son verdaderas.

<u>Están Poseídos de un Espíritu de Mentira</u> – *"He aquí, yo sé que lo crees, pero estás poseído de un espíritu de mentira, y has desechado el Espíritu de Dios de manera que no puede tener cabida en ti…"* (Alma 30:42). El profeta le hace ver al anticristo que él cree lo que rechaza, pero está poseído de un espíritu de mentira. También actualmente, se basan en mentiras para defender lo que ellos consideran su verdad. *"Ninguna mentira procede de la verdad."* (1 Juan 2:21). El apóstol Juan dice que el que niega que Jesús es el Cristo es el mentiroso y el anticristo: *"¿Quién es el mentiroso, sino el que*

niega que Jesús es el Cristo? Este es el anticristo: el que niega al Padre y al Hijo." (1 Juan 2: 22). La mentira es la característica más sobresaliente del anticristo moderno. Enseña como bueno lo que es malo, y como malo lo que es bueno. El diablo es *"el padre de las mentiras"* (2 Nefi 2:18)[17] y las está utilizando en esta época a través de ellos para pervertir la verdad.

<u>Piden Señales</u> – *"Y Korihor le dijo a Alma: Si me muestras una señal para que me convenza de que hay un Dios, sí, muéstrame que tiene poder, y entonces quedaré convencido de la verdad de tus palabras."* (Alma 30:43). Cuando se ven acorralados piden una señal, como Sherem también la pidió: *"...Muéstrame una señal..."* (Jacob 7:13). Jesús dijo: *"La generación mala y adúltera demanda señal..."* (Mateo 12:39). El profeta José Smith habló acerca de esa enseñanza del Salvador:

"…El que demanda señal es adúltero; y ese principio es eterno, invariable y firme como los pilares de los cielos; porque cuando vean a un hombre que demanda señal, pueden estar seguros que es adúltero." (History of the Church, tomo III, pág. 385).[18]

<u>Se Contradicen</u> – *"Entonces Korihor le dijo: No niego la existencia de un Dios, mas no creo que haya un Dios; y también digo que tú no sabes que hay un Dios; y a menos que me muestres una señal, no creeré."* (Alma 30:48). En tiempos modernos, así como Korihor, se contradicen, pero no les importa, ya que les importa más las emociones que sus mentiras ocasionan en los demás que la verdad. Anteriormente Korihor había negado expresamente a Dios diciendo: *"…Dios, un ser que nunca se ha visto ni conocido, que nunca existió ni existirá."* (Alma 30:28). También había dicho, poco antes de afirmar que no negaba la

existencia de Dios: *"…Sí, negaré, a menos que me muestres una señal."* (Alma 30:45).

<u>Normalmente son Apóstatas</u> – *"…Yo siempre he sabido que había un Dios."* (Alma 30:52). Los anticristos antiguos, así como los modernos, generalmente son apóstatas o renegados de la fe en Dios. Como ya se ha dicho en otro capítulo, la condición del que abandona la fe viene a ser peor que antes de abrazarla: *"Ciertamente, si habiéndose ellos escapado de las contaminaciones del mundo, por el conocimiento del Señor y Salvador Jesucristo, y otra vez se enredan en ellas y son vencidos, su estado final viene a ser peor que el primero.*

"Porque mejor les hubiera sido no haber conocido el camino de la justicia que, después de haberlo conocido, apartarse del santo mandamiento que les fue dado." (2 Pedro 2: 20-21).

Se deleitan enseñando la Mentira

– *"…Y he enseñado sus palabras; y las enseñé porque deleitaban a la mente carnal…"* (Alma 30:53). Enseñan la mentira con tanto placer que parecen dueños de la verdad. Sus enseñanzas siempre deleitan su mente carnal y la del pecador, porque los justifica en todos sus actos.

Promulgan Iniquidades

– *"…Dio fin a la iniquidad que Korihor promulgó…"* (Alma 30:58). Todo lo que promulgan es iniquidad. A veces la iniquidad la promulgan por leyes que logran influir en los gobiernos a través de lobbies o ascendiendo al poder. Otras veces, logran influir en las artes como el cine, el teatro, la literatura, o la música. La verdad es lo que pone fin a la iniquidad enseñada y defendida por el anticristo, porque la verdad nos hace libres. El Señor prometió: *"…Y haré que la justicia y la verdad inunden la tierra como con un diluvio…"* (Moisés 7:62).[19]

<u>Son Mundanos</u> – Con tanta claridad el apóstol Juan los describe proféticamente: *"Ellos son del mundo; por eso hablan de lo del mundo, y el mundo los oye."* (1 Juan 4:5). Son del mundo, su lenguaje es mundano, su modo de vestir es mundano, su modo de comportarse es mundano, y todos los que son mundanos los oyen, siguen y enseñan sus mentiras y engaños.

<u>No oyen a Dios ni a sus Siervos</u> – *"Nosotros somos de Dios; el que conoce a Dios, nos oye; el que no es de Dios, no nos oye. En esto conocemos el espíritu de verdad y el espíritu de error."* (1 Juan 4:6). El apóstol Juan está dando otra pauta para diferenciar a quienes son de Dios y quienes son del mundo. El que escucha los consejos de los siervos de Dios, y oyen sus enseñanzas, son de Dios. Los que

niegan a Cristo, no oyen a Dios ni a sus siervos, porque están poseídos de un espíritu de error.

<u>Procuran Derribar la Doctrina</u> – *"…Hizo esto para derribar la doctrina de Cristo."* (Jacob 7:2). Los anticristos modernos, pseudointelectuales, pretender derriba con sus argumentos falaces la doctrina de Cristo.

<u>No Entienden las Escrituras</u> – *"Y le dije: ¿Crees tú en las Escrituras? Y dijo él: Sí. Y le dije yo: Entonces no las entiendes; porque en verdad testifican de Cristo…"* (Jacob 7:10-11). En nuestra época, también el anticristo se caracteriza por utilizar pasajes aislados de las escrituras para atacar la verdad, pero no posee conocimiento de las mismas.

<u>Son Orgullosos</u> – *"Comenzaron a sostenerlo y a darle dinero. Y empezó a envanecerse con el orgullo de su*

corazón, y a usar ropa muy lujosa." (Alma 1:5-6). Tal cual en nuestro tiempo, el anticristo es mantenido y recibe dinero. Puede ser que predique austeridad o ensalce la pobreza, pero terminará envaneciéndose. Con delirante orgullo usará ropas, relojes, casas y autos muy lujosos y despilfarrando dinero que no le corresponde utilizar en beneficio propio.

<u>Algunos Son Violentos</u> – *"…Y Gedeón estaba ya muy entrado en años; por tanto, no pudo aguantar sus golpes, de modo que murió por la espada."* (Alma 1:9). Nehor, el anticristo, mató a un siervo de Dios, llamado Gedeón[20], el mismo que fue el instrumento en las manos de Dios para librar del cautiverio al pueblo de Limhi[22]. Algunos de los anticristos modernos, también son violentos.

Un anticristo moderno podrá tener algunas, muchas, o todas estas características.

8 – No Todo es Blanco o Negro

No obstante saber claramente diferenciar el bien del mal, debemos tener buen criterio o sensatez, que son atributos de la luz de Cristo, al juzgar a los demás. El Maestro dijo:

"No juzguéis, y no seréis juzgados; no condenéis, y no seréis condenados; perdonad, y seréis perdonados." (Lucas 6:37).

En la vida solemos juzgar con demasiada dureza, y usamos términos radicales como **todo** o **nada**, **nunca** o **siempre**, **todos** o **nadie**, tanto para juzgar a la vida, como a los demás, o a nosotros mismos. Sin embargo, al hacerlo estamos viendo la vida y las cosas en dos colores solamente,

blanco o **negro**, perdiéndonos la maravillosa gama de colores existentes.

Si enfrentamos una adversidad, no es ni **siempre**, ni **nunca**. No es que **siempre** nos pase, ni que **nunca** tenga solución. Porque al fin y al cabo todo tendrá solución, ya sea en esta vida o en la venidera. Es cierto que hay cosas que en esta vida no tienen solución, pero como bien decía un sabio anciano de 94 años a quien escuché en una conferencia: *"Si el problema tiene solución, para que me voy a preocupar si tiene solución, y si no tiene solución, para que me voy a preocupar si no tiene solución."* (Le Grand Richards) [23]. Tal vez debamos entender que lo que nos ocurre no es el centro del universo, ni el problema realmente es el centro de nuestra vida. Tal vez con humildad podamos reconocer las otras bendiciones que tenemos, aceptar las realidades y orar: *"¿Qué es lo mejor que debo hacer en estas circunstancias? "*

Lo mismo sucede en nuestra relación con los demás. Puede alguien hacer algo que nos desagrada, pero no quiere decir que sea **siempre** así o que **nunca** haga nada bueno, ni que **todo** lo que hay en su corazón sea sólo eso o que no haya **nada**.

Los seres humanos somos una mezcla de errores y aciertos. Somos la aleación del oro de las virtudes con el cobre de los defectos. El oro de una joya, por más buen oro que sea, nunca será oro puro, ya que el oro puro no sirve para hacer joyas por ser demasiado blando. Normalmente el oro 18 kilates, se considera la mejor aleación para una joya, porque tiene la mayor cantidad de oro puro y la mayor dureza. Es decir, tiene 18 partes de oro por 6 partes de cobre u otro material similar. En otras palabras, el oro 18 kilates, que es considerado oro fino, posee una cuarta parte de cobre, o material casi sin valor. El ser humano debería ser considerado como una joya de oro, que no por mucha proporción de cobre deja de llamarse oro.

El Señor nos manda ser perfectos, y a eso aspiramos, pero no esperamos que ya se nos considere perfectos, ni esperamos que los demás lo sean. Siempre debemos saber que todos somos una mezcla de errores y aciertos. Todos somos seres humanos normales, hijos de Dios, y nuestras virtudes no se diluyen por algunos errores aún no superados.

No todo es sólo **negro** o sólo **blanco**, hay miles de matices y miles de colores. No todos son **buenos** o **malos**, hay miles de matices, y miles de corazones. Una persona puede ser buena en una cosa y en otra no actuar bien. El Señor Jesucristo mismo no aceptaba que le dijeran bueno: Dijo Él: *"¿Por qué me llamas bueno? Ninguno es bueno sino uno, a saber, Dios."* (Mateo 19:17).

Recuerden que todos los seres humanos son hijos de Dios. Cuando aprendamos a amar a todos, veremos que detrás de las faltas de cada persona hay un ser humano que en el error o en el acierto, es un hijo de Dios y es querible.

No sólo hay dos opciones en cada cosa, no todo es solamente **blanco** o solamente **negro**; no todo es solamente **bueno** o **malo**, no todo es **siempre** o **nunca**, no son siempre **todos** o **nadie**, no es siempre **todo** o **nada**. Si vemos la vida solamente con dos opciones, seremos desdichados, porque nos pasaremos peleando con los demás, enemistados con nosotros mismos y con la vida. El Presidente Dixon Anderson, en mi misión en Argentina, una vez nos dijo: *"Si alguna vez alguien los decepciona en la vida, vuélvanse al Señor Jesucristo."*

Dijo el escritor uruguayo Gustavo Ekroth:

"Cuando somos capaces de pensar en términos relativos, es decir, no en blanco y negro, sino considerando un aspecto de colores mucho más amplio – con respecto a la verdad, a los

defectos, a las virtudes- crece en nuestro interior una gran capacidad para comprender, para amar y ser amado, para sentirnos bien y querernos nosotros mismos. Para estar en paz con uno, con el mundo y con la vida." (Gustavo Ekroth – La Locura Uruguaya).

Algunos a veces no juzgamos con un justo juicio como nos mandó el Señor hacerlo: *"No juzguéis según las apariencias, sino juzgad con justo juicio."* (Juan 7:24). Juzgamos todo **malo** o todo **bueno**, todo **negro** o todo **blanco**. Si una persona se equivocó, no quiere decir que ella es mala, se debe ver el todo de una persona, sus virtudes no desaparecen por equivocarse de vez en cuando.

Todos tienen derecho a ser estúpidos de vez en cuando, es un derecho que debemos conceder a todos, y es un derecho que debemos reclamar de todos. Aun los grandes hombres y las grandes mujeres tienen debilidades o flaquezas, aun aquellos que han alcanzado cierto nivel de santidad, aunque no signifique necesariamente que sean pecadores. Una cosa es tener debilidades o flaquezas, y otra muy distinta es ser pecador.

Sin embargo, aun con los pecadores debemos ser misericordiosos y bondadosos y ver a través del corazón ajeno. No porque queramos también pecar, o porque demos licencia para pecar, sino porque somos todos seres imperfectos, en el camino de la complejidad de la vida y debemos ser misericordiosos o, en otras palabras: Debemos ser perdonadores.

Es muy cierto que el camino de la paz y de la felicidad está alejado del pecado, porque el pecado nunca fue ni será felicidad. (Ver Alma 41:10). Pero tampoco hay felicidad sin conceder misericordia a los demás, como tampoco sin recibir perdón por nuestros propios errores, flaquezas o pecados. Dicen las escrituras: *"Yo, el Señor, perdonaré a quien sea mi voluntad perdonar, mas a vosotros os es requerido perdonar a todos los hombres."* (Doctrinas y Convenios 64:10).

No pongan etiquetas a las personas, aprendan a separar un tema del otro, puede ser malo lo que hace nuestro prójimo, pero no necesariamente tiene porque ser mala la persona o hacer todo mal. Recordemos siempre que todos procuramos ser buenos, ser mejores, pero todavía no conozco a ninguno que sea enteramente bueno, o perfecto *"sino uno, a saber, Dios"* (Mateo 19:17).

Y si alguien nos ofende, aprendamos a ser misericordiosos, porque necesitaremos misericordia nosotros también. Porque en paz tal vez sigamos actuando como acostumbramos, pero en adversidad, bajo tensión, o de sumo estrés, ¿actuaremos igual que cuando estamos en paz? ¿O también correremos el riesgo de que ofenderemos o actuaremos sin paciencia con otros bajo el estrés? ¡Qué triste es si alguien juzga toda nuestra personalidad por esos momentos difíciles en nuestra vida! Es probable que, así como nosotros, los demás también se sientan incómodos por haber actuado mal y deseen el perdón.

"Bienaventurados los misericordiosos, porque ellos alcanzarán misericordia." (Mateo 5:7). *"Porque juicio sin misericordia se hará con aquel que no muestre misericordia; y la misericordia triunfa sobre el juicio."* (Santiago 2:13).

Aprendamos que no todo es **blanco** o **negro**, y aprendamos también a tratar las diferencias con otras personas sin dañar las relaciones humanas.

*No todo es sólo negro o sólo blanco,
hay miles de matices y miles de colores.
No todos son buenos o malos,
hay miles de matices, y miles de corazones.*

9 – Ser o No Ser

Un gran secreto de la vida es ser o no ser, como lo dijo Shakespeare en las palabras de su personaje Hamlet, príncipe de Dinamarca:

"Ser o no ser, esa es la cuestión. ¿Cuál es más digna acción del ánimo, sufrir los tiros penetrantes de la fortuna injusta, u oponer los brazos a este torrente de calamidades, y darles fin con atrevida resistencia?"

No sólo es la gran cuestión oponerse a la fortuna injusta con dignidad humana o aceptar su placer momentáneo para luego sufrir el torrente de calamidades, sino que la gran cuestión es, en la vida misma, usar nuestro arbitrio para ser o no ser.

La frase del escritor no hubiera transcendido en el tiempo por más de cuatro siglos, como ha sucedido, si hubiera dicho, *"saber o no saber, esa es la cuestión."* Lo que realmente importa en la vida es lo que somos, o no somos. Lo que sé, hasta que no forme parte de mi carácter, de mi personalidad, de lo que soy, muy poco va a importar en la vida.

Es cierto que, si no aprendemos algunas cosas, hay otras cosas en la vida que no aprenderemos tampoco y eso nos limitará nuestra superación. Pero más importante que aprender es ser.

Ser o no ser, esa es la cuestión de toda la vida, ¿ser honesto o no serlo, ser pacificador o iracundo, ser humilde u orgulloso, ser digo o ser indigno, ser bueno o no serlo?

En definitiva, lo que hago, no lo que sé, es lo que va formando lo que soy. El *"ser"* es el cúmulo de los muchos actos buenos o malos que hago. Yo no me transformo en bueno o malo independientemente de lo que hago.

Dijo Ezra Taft Benson:

"El viejo proverbio sigue siendo verdad: Sembramos pensamientos y cosechamos hechos, sembramos hechos y cosechamos hábitos, sembramos hábitos y cosechamos el carácter, y el carácter determina nuestro destino eterno.

Porque – cual es su pensamiento en su corazón, tal es él –" (Proverbios 23:7) – Ezra Taft Benson[24] – Conference Report, octubre 1964 – Pág. 60).

Es cierto que lo que hago siempre va a depender de lo que soy, o de lo que he llegado a ser hasta ese momento.

Un proverbio chino dice:

*"Si hay rectitud en el corazón,
habrá belleza en el carácter.
Si hay belleza en el carácter,
habrá armonía en el hogar
y orden en la nación.
Cuando hay orden en la nación,
hay paz en el mundo."*

Si el bien y el mal me importan, y deseo superarme y ser mejor: Cambiaré los pensamientos que me conducen a malas acciones y cambiaré las acciones que me llevan a malos hábitos. Porque los hábitos, buenos o malos, son los que forman nuestro carácter, forman lo que soy.

Será en la adversidad que el verdadero hombre se conocerá a sí mismo, y saldrá a luz lo que realmente es, o aquello que no quiere ser. Saldrá a luz el resultado acumulado de sus pensamientos, de sus obras, y de sus hábitos. Si sus hechos fueron buenos, en la adversidad saldrá a luz su virtud. *"Ser o no ser, esa es la cuestión."*

En la vida, muchas veces se gana y otras se pierde, todos por igual participamos de bendiciones y adversidades. Aun si pierdo, puedo ganar en carácter, en personalidad, en paciencia, en tolerancia y en humildad. Dios siempre nos recompensará. Si perdemos, miremos para atrás, ¡cuanto ya hemos ganado!, ¡cuanto ya nos ha dado Dios!

De cada experiencia aprendemos y voy moldeando nuestro carácter. De hecho, la vida consiste en eso, en ir aprendiendo y siendo mejores cada vez. Ser o no ser, esa es la única cuestión.

Al ser padre joven, nunca me dejaba ganar por mis hijos en los juegos, quería que sintieran el verdadero triunfo de superarme. Pero también creía que les estaba enseñando a aprender a perder. ¡Es tan importante aprender a perder! Ellos mismos como niños reflexionaban al jugar con un amiguito que siempre lloraba cuando perdía.

La vida estará llena de triunfos y fracasos. Competencias ganadas y perdidas. Pero entiendo que Dios nos quiere hacer ganadores, y nos da otros premios de más valor que el ofrecido en la competencia.

Si no aprendemos a perder, creeremos que en todo vamos a ganar, y eso no es verdad en la vida. Y entonces, cuando perdamos en circunstancias de la vida, nos revelaremos contra nuestro prójimo, contra nuestra familia, o contra el mismo Dios. Y podría ser así si no aprendimos a perder. Nuestro orgullo nos podría hacer creer que siempre ganaríamos. Hay momentos de la vida que importa mucho ser o no ser.

Comparado con la vida, ser es el cúmulo de virtudes y dones o bendiciones, no ser sería la ausencia de todas esas fortalezas que nos harán falta en momento adverso, o al final de nuestra existencia.

Si gané: ¡Gracias Señor porque me he superado! Si perdí: Señor, ¿qué quieres que yo haga en estas circunstancias? ¡Ayúdame a ser humilde y aceptar las derrotas sin dejar de seguir anhelando el éxito!

"He peleado la buena batalla, he acabado la carrera, he guardado la fe.

"Por lo demás, me está reservada la corona de justicia, la cual me dará el Señor, juez justo…" (2 Timoteo 4:7-8).

¡Qué así aprendamos a vivir! Pero no dejemos de competir, porque la vida misma es una competencia, donde no siempre gana el mejor, sino también quien se supera a sí mismo, llega a la meta y se transforma en mejor persona. Lo que uno es llega a ser de más valor que los reconocimientos o premios obtenidos en la vida.

Es de mayor valor la honestidad que el mejor currículum, es mejor la integridad que la mayor capacitación. Las referencias no compensan los valores que no se tienen.

Si soy como el Maestro desea que llegue a ser, puedo enfrentar derrotas o adversidad y tener paz. Si no soy como me enseñó Él, o en nada, en absoluto, me parezco al Buen Pastor, ni el cúmulo de triunfos, ni la ausencia de infortunios, me asegurarán sosiego.

"Ser o no ser, esa es la cuestión".

Referencias

[1] <u>Moroni</u> (Aprox. 370 a 421 D.C.), profeta e historiador del Libro de Mormón – Otro Testamento de Jesucristo. Terminó de escribir la historia que comenzó su padre, el profeta Mormón y guardó la recopilación histórica que venía haciendo su padre. Escribió su propio libro y compendió una historia muy antigua de un pueblo llamado jareditas. Todo lo unió a los registros que había llevado su padre en planchas de metal.

[2] <u>Neal Ash Maxwell</u> (6/07/1926 – 21/07/2004), fue miembro del Quórum de los Doce Apóstoles, de la Iglesia de Jesucristo de los Santos de los Últimos Días. Fue misionero en Canadá.

Obtuvo licenciaturas y maestrías en ciencias políticas. También recibió varios doctorados y títulos honorarios. Fue profesor en la universidad de Utah donde ocupó diversos puestos de administración.

Escribió unos treinta libros. Sirvió como director en varias empresas. Recibió el premio Campana de la Libertad de Abogacía del Estado de Utah en 1967 por su servicio público.

Dijo Gordon B. Hinckley[6] sobre su finesa en el lenguaje: *"Cada charla fue una obra maestra, cada libro era una obra de arte. Creo que no veremos otro como él de nuevo."*

[3] <u>Doctrina y Convenios</u> – Recopilación de revelaciones divinas y declaraciones inspiradas por José Smith[4] y otros profetas de estos últimos tiempos.

[4] <u>José Smith</u> (1805 – 1844) traductor al inglés del Libro de Mormón que lo publica el 30/03/1830 y fundador de la Iglesia de Jesucristo de los Santos de los Últimos Días el 6 de abril del mismo año. Considerado profeta, vidente y revelador por los miembros de su Iglesia.

[5] <u>Lucas Sugo</u> – (Lucas Alberto Sugo Rodríguez), cantante y compositor uruguayo.

[6] <u>Gordón B. Hinckley</u> (23/06/1910 – 27/01/2008), fue el decimoquinto presidente de La Iglesia de Jesucristo de los Santos de

los Últimos Días. Los miembros de su Iglesia lo consideran profeta, vidente y revelador.

Después de obtener una licenciatura en periodismo en la Universidad de Utah y antes de comenzar sus estudios de posgrado en la Universidad de Columbia, fue misionero en Londres (Inglaterra). Volvió a los Estados Unidos en 1935 y poco tiempo después aceptó una oferta de trabajo que incluía desarrollar las difusiones de la nueva radio de la Iglesia y hacer uso de las nuevas tecnologías de la comunicación. Posteriormente fue miembro del Cuórum de los Doce Apóstoles y finalmente fue sostenido como presidente de la Iglesia.

[7] <u>Joseph Goebbels</u>, jefe de la campaña de ascenso al poder de Adolfo Hitler.

[8] <u>Lic. Hernán Bonilla</u>, economista, profesor universitario e investigador. Profesor del Departamento de Economía y director del Centro de Estudios para el Desarrollo. Fue asesor de la Ministra de Economía y Finanzas Azucena Arbeleche. Exdirector del Centro de Estudios para el Desarrollo (CED).

[9] <u>William Shakespeare</u> – Fue un dramaturgo y poeta inglés, considerado como el más

importante en la literatura inglesa y uno de los más célebres en la literatura universal. Macbeth es una de sus obras clásicas.

(10) <u>Alma</u> – Se hace referencia a dos profetas llamados Alma en el Libro de Mormón: a) Alma padre, quien organizó la Iglesia en los tiempos del inicuo rey Noé de quien había sido sacerdote. b) Alma hijo, quien fue también juez superior. En su juventud persiguió la Iglesia de Dios, pero se convirtió a causa de una visión. Escribió el libro de Alma, uno de los libros del Libro de Mormón – Otro Testamento de Jesucristo.

(11) <u>Korhior</u> – Anticristo de los tiempos del Libro de Mormón, quien demandó una señal como prueba del poder de Dios y quedó mudo.

(12) <u>Nehor</u> – Anticristo de los tiempos del Libro de Mormón, quien fue el primero en practicar las supercherías sacerdotales. Mató a un gran hombre llamado Gedeón y fue ejecutado por su crimen.

(13) <u>Jacob</u> – Hijo de Lehi. Profeta y autor de varios sermones que se encuentran en su propio libro y en el libro de 2 Nefi[17], del Libro de Mormón.

⁽¹⁴⁾ <u>Sherem</u> – Anticristo de los tiempos del Libro de Mormón que negó a Cristo y demandó una señal.

⁽¹⁵⁾ <u>La Guía para el Estudio de las Escrituras</u> – Es una serie de temas ordenados alfabéticamente donde se definen ciertas doctrinas, principios, personas y lugares que se mencionan en la Santa Biblia, el Libro de Mormón – Otro Testamento de Jesucristo, Doctrina y Convenios, y la Perla de Gran Precio. También se presentan referencias importantes de dichos temas en los libros referidos.

⁽¹⁶⁾ <u>Artículos de Fe</u> – Son trece puntos básicos de creencias de los miembros de la Iglesia de Jesucristo de los Santos de los Últimos Días, escritos originalmente por José Smith.

⁽¹⁷⁾ <u>Nefi</u> – Escritor de los libros de Nefi y 2 Nefi del Libro de Mormón. Hay tres Nefi: a) Nefi hijo justo de Lehi y Saríah: Profeta, historiador y líder de gran fe. Construyó un barco y viajó a la tierra prometida. b) Nefi hijo de Helamán: Gran profeta y misionero entre los lamanitas. Fue nombrado juez superior. d) Nefi hijo de Nefi, hijo de Helamán: Profeta e historiador.

Uno de los doce discípulos nefitas de Jesucristo.

[18] <u>History of the Church</u> – Historia de la Iglesia de Jesucristo de los Santos de los Últimos Días.

[19] <u>Moisés</u> – Libro de la Perla de Gran Precio[26] que contiene la traducción inspirada que hizo José Smith de los primeros siete capítulos de Génesis.

[20] <u>Gedeón (del Libro de Mormón)</u> – Hombre fuerte y enemigo del rey Noé[21]. Propuso un plan para escapar del cautiverio lamanita. Fue asesinado por Nehor.

[21] <u>Noé, Hijo de Zeniff</u> – Rey inicuo del Libro de Mormón que gobernó a un grupo de nefitas. Ordenó la muerte por fuego de un profeta y posteriormente, él también padeció la muerte por fuego.

[22] <u>Limhi</u> – Rey justo de los nefitas en la tierra de Nefi. Libró al pueblo del yugo de los lamanitas y con su pueblo volvieron a una ciudad llamada Zarahemla.

[23] <u>Le Grand Richards</u> – Fue un miembro del Cuórum de los Doce Apóstoles de la Iglesia de

Jesucristo de los Santos de los Últimos Días. Falleció de 97 años. Era un orador destacado hasta el final de su vida. Escribió el libro Una Obra Maravillosa y un Prodigio.

[24] Ezra Taft Benson (4/08/1899 – 30/05/1994) – Fue 13er. Presidente de la Iglesia de Jesucristo de los Santos de los Últimos Días. Fue secretario de Agricultura de los Estados Unidos en los dos períodos de Dwight Eisenhower. Considerado profeta, vidente y revelador por los miembros de su Iglesia.

[25] Joseph F. Smith - (13/11/1838 – 19/11/1918) Escritor y sexto presidente de La Iglesia de Jesucristo de los Santos de los Últimos. Era hijo de Hyrum Smith, quien fue mártir junto con el Profeta José Smith. Considerado profeta, vidente y revelador por los miembros de su Iglesia.

[26] La Perla de Gran Precio – Es conjunto de escrituras que contienen: a) Extractos de la traducción de José Smith del libro de Génesis, llamado el libro de Moisés. b) Traducción de José Smith del capítulo 24 de Mateo. c) La traducción de José Smith de algunos papiros egipcios llamado el libro de Abraham. d) Un extracto de la historia de la Iglesia escrita por

José Smith, llamado José Smith – Historia. e) Los Artículos de Fe que son trece declaraciones de la creencia y doctrina de la Iglesia. La Perla de Gran Precio compone el conjunto de cuatro libros canónicos de la Iglesia, juntamente con la Biblia, el Libro de Mormón, y Doctrina y Convenios.

Rafael Diogo Jara – Nació en el año 1954 en la ciudad de Melo, Cerro Largo, Uruguay. Trabajó 37 años como Bancario ocupando cargos de Gerente y Supervisor de Dependencias de 15 Sucursales bancarias. En sus primeros años de bancario recibió tres premios por sugerencias enviadas al Banco para su mejor funcionamiento.

Se dedicó por 25 años como profesor de Capacitación para la inserción laboral, enseñando entre otras materias cálculo y contabilidad.

De joven sirvió por dos años como misionero en Argentina. Posteriormente desempeñó funciones como obispo y luego presidente de estaca (región).

Fue considerado entre los Pioneros en el país en la educación en línea a través de Internet. Esto le mereció un reportaje en el Diario el País de toda una página.

Fundador, cofundador y director de diversas instituciones privadas de enseñanza.

Dictó los siguientes cursos, seminarios y charlas y escribió los libros técnicos correspondientes:

- o Cálculo.
- o Contabilidad Fácil (Tomos I y II).
- o Relaciones Humanas.
- o Técnicas de Ventas.
- o Oratoria.
- o Liderazgo.
- o Ortografía.
- o Técnicas Pedagógicas.
- o Inserción Laboral.
- o Agilización de la Memoria
- o Finanzas para Novicios.
- o El Bancario y su Vocabulario (Publicado por varios años en el Portal del Diario el País como *"Léxico Bancario"*).

Ha escrito los siguientes libros de prosa poética, relatos, historia, novela histórica y ensayos:

- Gabriel el Pacificador – Año 1993
- El Visitante del Planeta Azul – Año 1999
- El Momocho – Año 2001

- Napeguá Leyenda Prohibida – Año 2006
- El Libro Azul de Valores y Verdades – Año 2009
- La Hoja de Higuera – Año 2010
- Un Banco en Tierra de Poetas y Valientes – Año 2011
- La Semilla de Mostaza – Año 2012
- Los Santos de los Últimos Días y su Historia en Melo – Año 2017
- Profecías en Oro – Año 2018
- Mujer Mujer – Año 2019
- O Livro Azul de Valores e Verdades (Portugués – Año 2020
- La Pascua – Su Origen, Simbolismo y Calendarios – Año 2022

Todas sus obras están disponibles en Amazon.

https://www.amazon.com/-/e/B07WN98NGL